INIO ASANO ❶ GUTE NACHT, PUNPUN

INIO ASANO **1** GUTE NACHT, PUNPUN

An diesem Tag war Punpun schrecklich melancholisch zumute, als er in die Schule musste.

Der Grund war Miyo, der Liebling der Klasse, die leider die Schule gewechselt hatte.

Macht's gut, ich werde euch nie vergessen!

Immer gute Freunde und fröhlich sein!

Miyo und Punpun verband die Erinnerung an ein bestimmtes Ereignis: Vor einem Jahr auf dem Nachhauseweg ...

... sah Punpun, wie Miyo Sand in den Mund von Yoshikawa stopfte, die von allen schikaniert wurde.

...

Das bleibt unser Geheimnis, ja?!!

Das war das erste und letzte Mal, dass Miyo mit Punpun geredet hatte, doch von dem Tag an war er in sie verliebt.

6

Also!
Letzte Woche
musste uns
Miyo Ota
verlassen,
aber dafür
...

Hopp,
hopp,
Kinder!!

KLATSCH

KLATSCH

... darf ich
euch heute
eine neue
Klassen-
kameradin
vorstellen!

Alle
auf die
Plätze!!

... und
komme aus
Nerima.

Ich
bin Aiko
Tanaka
...

Es war Liebe auf den ersten Blick!

Da wir eine neue Schülerin haben ...

... gibt es in der ersten Stunde gleich einen Test!!

Ätsch!! Reinge-fallen!

Ätsch, bätsch!

Im Rahmen einer Vorstellungsrunde schreiben jetzt alle einen Aufsatz über ihren Traum für die Zukunft.

Wer in der Stunde nicht fertig wird, beendet den Aufsatz als Hausaufgabe!

8

HA HA HA -HA HA HA HA

TSCHÜÜÜSS!
TSCHÜÜÜSS!
TSCHÜSS!
HAIBAI

Stopp

Vor-
sicht
Kin-
der

He, du!

Warum läufst du mir die ganze Zeit nach?

SEI! セイ
SEI! セイッ
SEI! セイッ

Punpun
war völlig
überwältigt.

Nerima, wo
Aiko herkam,
musste ein
unglaublicher
Stadtbezirk
sein.

Aber tapfer
schluckte er
sie hinunter.

Da Punpun dieser
Frage nachhing, ver-
lief er sich auf dem
Nachhauseweg. Er war
den Tränen nahe.

Wie würde er
selbst wohl sein,
wenn er erwach-
sen war?

Punyama   Punpun-Papa
           Punpun-Mama
           Punpun

...
Bottom des
9. Inning!
Die Chance
bei voll
besetzten
Bases!

Schlägt
er?!
Schlägt
er ...?

Komm
schon,
komm
schon
...!

Er musste nur »Lieber Gott, lieber Gott, Schnickdischnack!« sagen, und schon erschien der liebe Gott.

Onkel Yuichi, der in Ofuna wohnte, hatte Punpun diesen Spruch beigebracht.

Aber trotzdem konnte ein Gebet nicht schaden.

Und da war er auch schon!

Hast du deine Hausaufgaben gemacht, Punpun?

SCHRUBB
SCHRUBB
SCHRUBB
シャフ
シャフ
シャフ

Das klingt irgendwie total cool!

Wenn ich erst einmal ...

... Weltraumforscher bin ...

... verliebt sich Aiko vielleicht in mich!!

Punpun
...!

Es ist
furcht-
bar ...!

Einbrecher
waren hier!

26

Kapitel 2

An diesem Tag
schaffte Punpun
es nicht mehr in
die Schule.

Bis
zum Abend
fragten ihn
die Polizisten
immer wieder
nach seinem
Vater aus.

Punpun
....!

Lass uns nach Hause gehen!

Onkel Yuichi war der jüngere Bruder von Punpuns Mutter und wohnte zusammen mit Großmutter in Ofuna.

Onkel Yuichi aus Ofuna holte ihn schließlich ab.

Keine Sorge! Ich werde solange bei euch einziehen!!

So hat ein Arbeitsloser wie ich auch eine Aufgabe, mit der er angeben kann, ha ha!

Aber zum Lachen ist das nicht wirklich.

Sie schwebt nicht in Lebensgefahr ...

... aber sie muss eine Weile im Krankenhaus bleiben.

Patienten...

30

Am nächsten Tag ging Punpun wieder zur Schule.

Oh!

Wie erwartet, war Aiko längst zum Liebling der Klasse geworden.

Morgen!

G... Guten Morgen, Punpun!!

32

Ätsch!
Bätsch!

Ätsch!
Reinge-
fallen!!

Herr
Konrek-
tor!

Was
gibt's,
Herr Di-
rektor?

Spielen
wir doch
Verstecken,
mir ist
langweilig.

36

Einverstanden ...

Dann sag ich mal –
Schere, Stein ...

... Papier!

Punpuns Traum für die Zukunft war es, Weltraumforscher zu werden und alle Menschen ins All umzusiedeln.

So, Punpun!

Jetzt lies uns deinen Traum vor.

Was für ein Geniestreich! Punpun war die Zuversicht selbst.

Mein Traum
5. Klasse, Gruppe 2,
von Punpun Punyama

Mein Traum ist es, einmal Weltraumforscher zu werden. Ich werde das All gründlich erforschen. So ein Gelehrter möchte ich werden. Damit eines Tages die Menschen in den Weltraum auswandern können. Dafür werde ich fleißig lernen und ganz viel an der Universität studieren. Wenn

Aber ...

Aber was, wenn ...

»Oh ...«

»Aiko sieht zu!!«

... einer seiner Klassenkameraden sich lustig über ihn macht und sagt, dass sei absolut unmöglich ...?

... dachte Punpun.

Er wäre fast gestorben, so verlegen wurde er plötzlich.

KLATSCH KLATSCH
ぱん ぱん

Du musst laut und deutlich vorlesen!!

Sooo, Punpun!!

»Mein Traum ist es, als normaler Angestellter in einer Firma zu arbeiten und eine ganz normale Familie zu gründen.«

HOPS

ピョン

ぴょん

HÜPF

He!

2

Pun-pun?!

Mein Traum
5. Klasse, Gruppe 2,
von Punpun Punyama

Mein Traum ist es, einmal Weltraumforscher zu werden. Ich werde das All gründlich erforschen. So ein Gelehrter möchte ich werden. Damit eines Tages ... n den Welt... ... ern können. ... ... fleißig ler... ... el an ... ... Weil ... ... hr groß ... n Japan ... da sein ... alle t

Punpun hatte gelogen!

Normal ist ganz schön schwierig ...

Wenn Japan einmal nicht mehr da sein sollte, wird alles gut werden, glaube ich. Beim Auswandern in den Weltraum kann man dann mit einem Spaceshuttle oder in einer Rakete zu anderen Planeten fliegen. Die and...

Mein Traum
5. Klasse, Gruppe 2,
von Pinpun Punyama

Mein Traum ist es einmal Weltraumforscher zu werden. Ich werde das All erfor...

HATSCHI!

へぶし？

ひ

AH

44

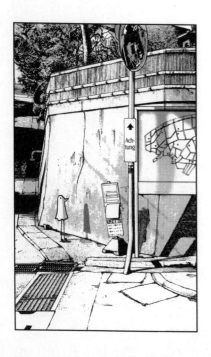

Kapitel 3

AARR

Was ist los, Herr Mori? Es ist noch Unterricht.

Es ist so ...

Mir ist ein Schüler aus der Klasse gerannt ...

Punpun dachte in Ruhe nach. Würde er selbst jemals dazu fähig sein, die Menschheit in den Weltraum umzusiedeln?

Und wollte er denn überhaupt Forscher werden?

Punpun war sich nicht mehr so sicher.

Punpun
...!!

Warum
hast du
gelogen?

Forscher
ist doch
klasse!

Warum
sagst du
nicht ein-
fach ...

... dass du
uns alle vor
dem Ausster-
ben retten
willst?

5. Klasse, Gruppe 2,
von Punpun Punyama

Mein Traum ist es, einmal
Weltraumforscher zu w...
Ich werde das All grün...
schen. So ein Gelehrter...
ich werden. Damit ein...
die Menschen in den w...
...andern können. Da...

Feigling ...

... dachte
Punpun.

»... und so
wahnsinnig
klein!«

»Aikos Hand
ist zart und
warm ...«

... festhalten.

... für immer
diese Hand ...

Er wünschte,
er könnte ...

In Punpuns
Kopf ...

... kreiste
ein einziger
Gedanke.

»... kann ich die Menschen nicht vor dem Aussterben retten.«

»Vielleicht ...«

Mhm ...

»Aber egal was passiert.«

»Aiko möchte ich beschützen!«

Warum ...?

Böser
Junge
...!!

SST

Falls heute ...

... meine Wünsche ...

... gehen ...*

... in Erfüllung ...

Ich nehm dich in den Schwitzkasten, wenn du nicht aufpasst!!

An diesem Tag war es Punpun unmöglich, Aiko auch nur anzusehen.

Punpun!!

HA HA HA HA HA HA

*»Tsubasa wo kudasai«
Text: Michio Yamagami
Musik: Kunihiko Murai

60

Sein Herz schlug wie wild und wollte sich einfach nicht beruhigen.

»Gleich fliege ich davon!«, dachte Punpun.

Punpun ...!!

...pun !!

Am Sonntag
bei Shimi
Pornovideo-
sitzung (PVS!!)

Vielen Dank, dass Punpun hier so gut aufgehoben ist.

Ich muss mich jetzt verabschieden ...

Gleich habe ich ein Treffen mit dem Anwalt.

Nicht der Rede wert!

Ist sicher nicht leicht für Sie ...

Diesem Schicksal entkommt niemand. Darin sind wir alle gleich.

Kein Mensch hat es leicht im Leben.

In diesem ...

... davon ... ... und einfach ...

... fliegen ... ... aus-breiten ... ... möchte ich die Schwingen ...

... weiten Himmel ...

Traurig-keit ...

... und kennt keine ...

... ist frei ...

Der Himmel ...

... Himmel ...

In diesem ...

In diesem Moment hatte Punpun ein Gefühl, das sicher noch ein wenig vage war.

... weiten ...

... möchte ich die Schwingen ...

... ausbreiten ...

Natürlich war diese Empfindung für den kleinen Punpun etwas völlig Neues. Er spürte, dass ...

... Aiko vielleicht die Liebe seines Lebens war.

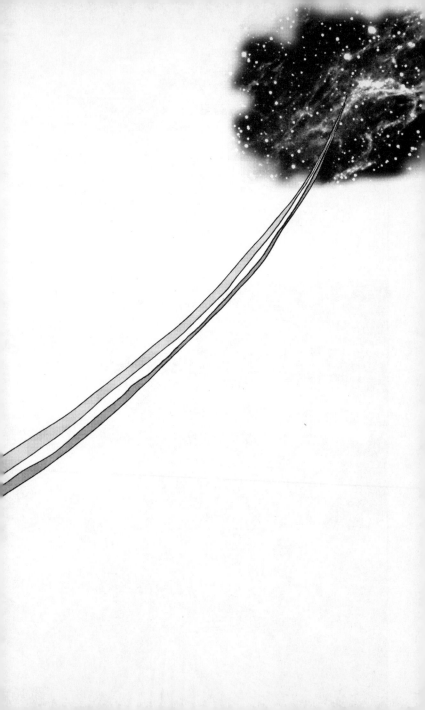

INIO ASANO ❶ GUTE NACHT, PUNPUN

Kapitel 4

Guten Morgen, Punpun!

Heute war ein herrlicher Feiertag!

Tja, ich lebe bei meiner Mutter und zehre vom Ersparten. Man könnte auch sagen, ich bin vor der unterkühlten Stimmung daheim geflohen.

Magst du mir beim Auspacken helfen?

Meine Schwester und ich haben beschlossen, dass ich für eine Weile bei euch wohne.

Hm?

Kannst du zuerst die leichten Sachen in Punpun-Papas Zimmer tragen?

Lass uns loslegen!

Dein Vater braucht sein Zimmer, wenn er wieder nach Hause kommt.

Wie dumm von mir!

Du hast ja recht!

Schwester ...

Sprich doch mit Punpun. Er ist extra hergekommen.

DRÖÖÖÖHN

Die Wunde durch den Sturz am Hinterkopf wurde genäht, mit dem Gehirn scheint so weit alles normal.

Frau Punyamas Stirnverletzung ist nicht das Problem.

Wir werden weitere Tests machen, doch vermutlich werden wir nichts finden.

Oje! Das tut mir leid!

... und klagt schon über zu kleine Mahlzeiten und abendliche Langeweile.

Sie macht einen außerordentlich gesunden Eindruck ...

Die Mami wird bald entlassen, bestimmt!!

Ach!! Ist das Frau Punyamas kleiner Sohn?!

74

... seine Mutter nicht besonders mochte.

Es war so, dass Punpun ...

Meine Schwester war schon immer schwierig.

Tja!

Sie tat nichts anderes als Schimpfen — wegen Hausaufgaben, Zähneputzen, Baden oder Zimmeraufräumen.

»Sie kann ruhig noch eine Weile wegbleiben«, dachte Punpun.

Das ist doch nicht nötig!!

Chinpo Ramen

76

Pass auf dich auf, Vater! Du bist nicht mehr der Jüngste.

Du weißt ja, du kannst jederzeit bei uns einziehen.

Noch schmeiß ich den Laden mit links!!

Blödsinn!!

SPROTZ

フリ

RATTER

カ

カ

ヒ.シャ

KLACK

RATTER

Uh!

WÜRG

Uh!!

Urrrgh!!

78

Ganz neu!
Hiyashi Chuka!

PUH

PUH

Ha ha!!

Aber beschweren Sie sich nicht bei mir, wenn Ihr Gatte die Hundert schafft!

Du schaffst es doch allein nach Hause, Punpun?

Ich muss noch was erledigen.

Ja? Was gibt's ...?

Du willst Taschengeld, weil du allein nach Hause musst? Vor dir muss man sich ja in Acht nehmen!!

... fragte Punpun.

»Wann, glaubst du, kommt Papi nach Hause?«
...

Schnicke-
dischnack!
Richtig!

Richtig,
richtig!

Ach so,
Schnickedi-
schnack!

Die Beschwörungs-
formel »Lieber Gott,
lieber Gott, Schnicke-
dischnack« hatte Pun-
pun vor drei Jahren von
Onkel Yuichi gelernt.

Kauf
dir unter-
wegs ein
Eis oder
so.

Hier ...

ひた ひた ひた ひた ひた ひ

Für mich spielt's keine Rolle.

Haben Götter die Menschen erschaffen, oder die Menschen die Götter ...?

Tja, die Götter ...

Tja, die Menschen ...

PUH

Menschen sind doch alle ...!

10-Road-Plan: Mehr Sicherheit für Zw
Tokyo Traffic Safety Association

Absolut!

Ich denke lieber nicht weiter ...

Aber halt ...

Ich weiß, wie du dich fühlst.

Ich versteh das.

Wer sind Sie ...?

Auch dieses Gefühl kenne ich, Schätzchen.

SCHLECK SCHLECK

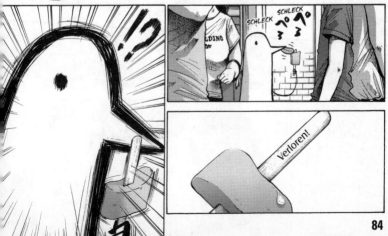

Verloren!

Kapitel 5

405
Shimizu

'ne ganze
Stunde hat
er's ver-
sucht.

Am
Ende heulte
er rum, von
wegen er sei
heute nicht
in Form.

Hat
er's ge-
schafft?!

Quatsch!
War doch 'ne
faustdicke
Lüge!!

So
ein Mist!
Der ganze
Samstag
ist hin.

Was jetzt?
Was haltet
ihr vom
PMSB*?

* Pornomagazin-Suchbündnis

Von
Shimizu
hab ich die
Nase voll!
Wir sollten
ihn schnei-
den.

SPUCK

92

Was hat die für weißes Zeug im Gesicht?

Das Cowper-Drüsensekret sieht wie kleine Laserschüsse aus, oder?

... Was ist denn ein Orgasmus?

He, da sind die Jungs!!

Was macht ihr da?

Sieht irgendwie verdächtig aus!

Aiko!

V... Verdammte *Mädchen!!*

Haut bloß ab!!

Kinder können ja nicht allein verreisen und so ...

W... Wir planen grad was für die Sommerferien ...

Was versteckt ihr da?

Ist doch *so!* ... Oder, Punpun?

MENUDO

NICK

NICK

94

Das sind Jungs! Glaub denen kein Wort!!

Aiko!!

Eine Reise? Klasse!

Ich hasse Jungs!

Ich will auch irgendwo hinfahren. Ganz weit weg.

Los, gehen wir! Vergiss die Typen!

Gleich beginnt die Wiederholung der Serie mit Shimu-taku!!

Wenn ihr gelogen habt, wird's euch noch leidtun!!

Aber
Punpun lügt
nicht, nicht
wahr?!

Cowper-
Drüsen-
sekret!!

Orgasmus-
Strahlen!!

Punyama   Punpun-Papa
            Punpun-Mama
            Punpun

Yuichi Onodera

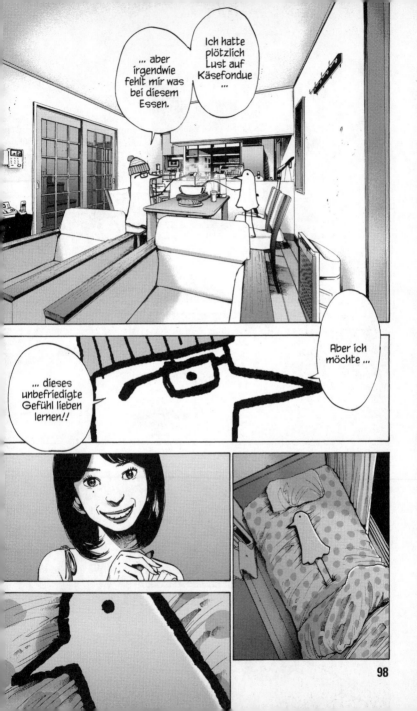

98

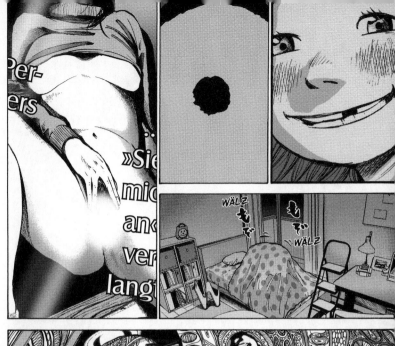

»Sie
mic
an
ver
lang

WÄLZ
WÄLZ

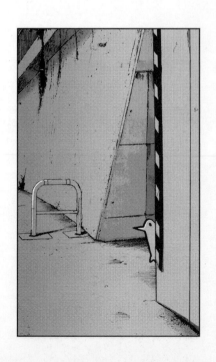

Kapitel 6

WISCH WISCH WISCH WISC
ふき
WISCH ふき ふき
WISCH ふき
ふき

Punpun
verstand.

SCHNUPPE
SCHNUPPER くん
くん
くん

Gehirn!!

Gehirnmasse war aus dem Pimmel gespritzt!!

Bücher über Medizin?

Ein paar hab ich da ...

»Muss man sterben, wenn das Gehirn zerfließt?«

... fragte Punpun.

Wozu brauchst du sie ...?

Weltraum Sterne und ...

Medizin
für zu Hause
Großes
Wörterbuch

Mit Bildern schnell begreifen

Geschichte der Showa-Zeit

Da Punpun
Probleme mit
komplizierten
Wörtern hatte,
überflog er
nur die Bild-
bände, aber
dafür sehr
schnell.

Harnröhre

Anus

Vagi

Vulva

Hautkrebs

Im fortgesch
Stadium ...
der Kreb
Frühs

Du kriegst den Hals nicht voll, was?

Wenn's wirklich ein neuer Stern war ...

... wird sein Name Punpun lauten!!

Waru nicht

Am Ende hast du eine große Entdeckung gemacht!!

»Bekomme ich dafür womöglich den Nobelpreis?!«

Vor Freude war Punpun ganz aus dem Häuschen.

Nobelpreis

Nach der Nobelpreisverleihung ...

... werde ich mit dem Preisgeld ein Haus auf dem Punpun-Stern bauen!

Ich werde mit Aiko auswandern!!

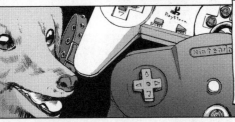

Auch einen Hund werde ich haben, den mir meine Mutter verboten hat!!

Ich werde mir alle Spielkonsolen kaufen, die es gibt!!

Vor lauter Aufregung war an Schlafen gar nicht zu denken.

Falls Geld übrig bleibt, kaufe ich auch meinen Eltern ein Haus.

112

Ich muss so schnell wie möglich Aiko von meinen Plänen erzählen!!

Und meinem Vater!!

Alle werden von mir begeistert sein ...

Punpun fand keine
Gelegenheit, Aiko
anzusprechen.

K...
Kommt
her,
Leute!!

D...
Das
müsst
ihr euch
anse-
hen!!

Harumin
kriegt
einen
...!!

PIEP
Heeey, Harumiiin!!
PIEP
PIEP
Hör auf, zu träumen!
Lauf anständig!!
PIEP
PIEP
PIEP
PIEP
PIEP
PIEP
PIEP
Wenn du mich ärgerst, dreh ich dir den Hals um!!
Das von eben ...
Ob das echt 'ne Liebeserklärung war?
Glaub schon.
Ob die jetzt zusammen gehen?
Bestimmt ... Die beiden mochten sich schon immer.
PIEP
PIEP

»Wenn zwei sich lieben, werden sie ein Paar.«

Für Punpun war diese Vorstellung etwas ungeheuer Neues und Modernes.

Was machte ein Paar überhaupt, wenn es zusammen war?

Doch eine Frage beschäftigte Punpun.

PIEP

In Punpuns Kopf kreisten die Worte, die Harumin neulich zu ihm gesagt hatte.

»Wenn ein Junge mit einem Mädchen geht, steckt er ihr du weißt schon ...«

Herr Lehrer!!

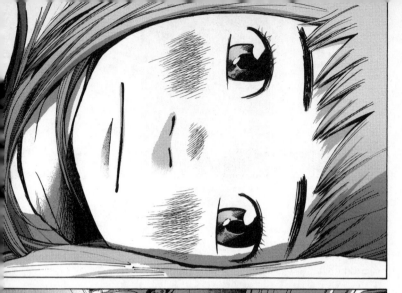

126

NICK

NICK

Na
dann
...

... mag
ich dich
auch!!

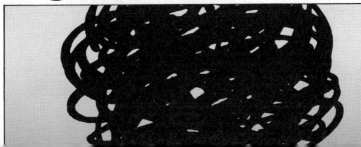

130

So!
Du hast
gerade JA
gesagt!!

Wenn das
gelogen war,
verzeih ich
dir nie!!

»Wie lange würde Aikos
>Immer und ewig< wohl
dauern? ...«

... überlegte Punpun.
Dabei überkam ihn ein un-
beschreibliches Gefühl.

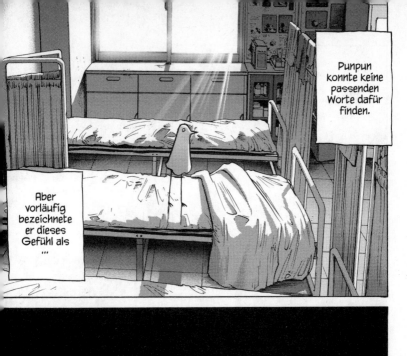

Punpun konnte keine passenden Worte dafür finden.

Aber vorläufig bezeichnete er dieses Gefühl als ...

... »Angst«.

Harumín!!

Haaaarumíín!!

Habt ihr euch etwa schon geküsst oder so?!

PVS!

PVS!

Waaas?

Das gilt auch für euch!

Von Weibern hab ich die Nase voll!!

Ich bleib für immer bei PVS! Das reicht mir!!

P...!

In Super olita-Face ie ein Ferkel

Freie Sicht ohne Retusche

Stern- zeichen Mollig

Der Rücken so breit wie der Horizont. Bring mich noch mehr zum Grunzen!

Kapitel 8

Darf ich vorstellen ...

Der Herr ist Rechtsanwalt und wird sich um unsere Angelegenheiten kümmern. Das ist Herr ...

Wir haben wichtige Dinge zu besprechen und müssen jetzt los. Abends bin ich zurück.

Aber eine Sache solltest du schon jetzt wissen, Punpun.

Yugami, Rechtsanwalt!!

Ja! Ja!

ZACK

Das Leben ...

OH!

In der Küche sind Schokoku-chen. Bedien dich, wenn du magst.

... ist eine einzige Berg- und Talfahrt, rauf, runter!

HA HA HA HA HA

HUI!

HUI!

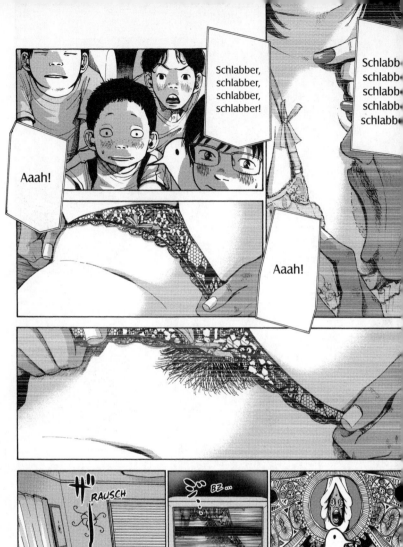
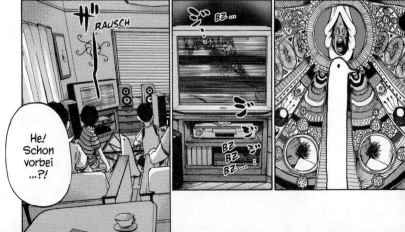

06:15:54
07/12

BLITZ

!!

He, Junge! Ja, der mit der Fernbedienung ...

Dass du das Video gefunden hast, war kein Zufall ...

... sondern Schicksal! Du hast die Pflicht, dir das Band bis zum Ende anzuschauen.

Lass das Vorspulen und hör dir lieber meine Geschichte an ...

06:15:54

142

Aber denk einmal gut nach ...

Auf den ersten Blick siehst du eine glückliche Familie, der es an nichts fehlt. Aber vielleicht ist dieses Glück in Wahrheit nur auf Sand gebaut?

Mein Vater hatte sein Leben der Arbeit gewidmet, meine Mutter bemühte sich um die Erziehung der Kinder.

Meine ältere Schwester wollte nächsten Monat einen Beamten heiraten.

Nur die Götter wissen, wann du an der Reihe bist, die Unglückskarte zu ziehen.

Krankheiten, Unfälle, Katastrophen, verursacht durch Mensch oder Natur, Verrat ...

Ein Mensch, der jederzeit abstürzen kann, klammert sich verzweifelt an die kleinen Freuden und Hoffnungen. Ist das wirklich Glück?!

... »Jetzt kann ich ein neues Leben genießen!«

Später erfuhr er, dass er bereits Krebs hatte.

Kurz bevor mein Vater in Rente ging, sagte er zu mir ...

144

Weiß es nicht! Nein, neiiin! Weiß es niiicht! ♪

Weiß es niiicht! ♪ Weiß es niiicht! ♪

Hör gefälligst auf, mitzutanzen!!

... Oder so!!

!!

Indem ich der Welt meine Geschichte offenbare, möchte ich den Menschen folgende Frage stellen: Was bedeutet Glück eigentlich?

Kurz, ich bin völlig am Ende ...

An der Fernstraße K befindet sich eine verlassene Miso-Fabrik. Dort habe ich drei Leichen versteckt.

Eine deinem Mut angemessene Menge Bargeld werde ich ebenfalls dort deponieren.

Ich will, dass du die drei findest und meine Geschichte an die Medien durchsickern lässt.

Wenn du dieses Video siehst, werde ich wohl mein Testament gemacht und diese Welt verlassen haben ...

BZ BZ BZ BZ BZ BZ

Ich zähl auf deinen Mut und deine Neugier ...

RAUSCH

BLITZ

fin...

Das Video lag mitten auf der Straße. Schon das klingt total verdächtig.

Oh Mann!! Das muss ein Scherz sein!!

Puh, meine Laune ist echt im Eimer!

Vielleicht zieh ich los und hau Shimizu eine runter.

Der Typ verarscht uns doch nur!!

Hmmm...

Wir gehen dann mal nach Hause ...

Schon gut, mach dir keine Umstände.

Kapitel 9

Ich war unsicher, ob ich das Curry mild oder mittelscharf machen soll.

Ist mittelscharf für dich okay, Punpun?

Ah, du bist zurück, Punpun.

DOOONG
DING

Was du nicht sagst!!

Du isst auch gerne richtig scharf?!

Bist schon ein ganz Großer, was?!

Mit dem Verkauf unserer Ware möchten wir zu Ihrem Wohl beitragen.

Die Gesundheit und das erfüllte Leben aller Menschen liegen uns sehr am Herzen.

Wir gehören doch keiner dieser dubiosen Sekten an!

Aber nein.

Aha ...

Aber dafür beweist uns Ihr misstrauischer Verdacht sehr schön, wie schlimm es um Ihre werte Gesundheit bestellt ist.

Und?

Der Aufdruck auf den T-Shirts ist also Ihr Gott, wenn ich richtig verstehe.

Was?!

154

Immer noch sauteuer!!

SCHNAUB

Die 1,5-Liter Plastikflasche kostet 5000 Yen.*

Im Zehnerpack wird es deutlich billiger und Sie bekommen die Flasche schon für ca. 3800 Yen, junger Mann.

Weltraum-Cosmo-Wasser

Weltraum-Cosmo-Wasser

Cosmos Health

Unser Meister hat in jede Flasche mit größter Sorgfalt seine Power injiziert ...

Das Produkt ist nämlich ganz ausgezeichnet!!

Kein bisschen!!

Moment, Moment! Eine Sekunde!!

Power?! Was für eine Power soll Ihr Meister haben?!

*ca. 44 Euro

156

Hier!!

Eine Statistik über geheilte Menschen, die regelmäßig unser Wasser getrunken haben ...

Wechseln Sie nicht das Thema!!

KÖCHEL

KÖCHEL

KÖCHEL

Mittelscharf ...

In Wahrheit konnte Punpun scharfes Essen nur schlecht vertragen, aber er wollte nicht, dass Onkel Yuichi seinetwegen seine Essgewohnheiten ändern musste.

Er hatte sich nämlich an die Worte seines Vaters erinnert: »Curry schmeckt am Besten mild! Reib noch 'nen Apfel rein, wenn's richtig gut werden soll. Da ich gern mild esse, ist das das beste Curry überhaupt!«

Doch dann hatte der gewitzte Punpun schon wieder einen Geistesblitz.

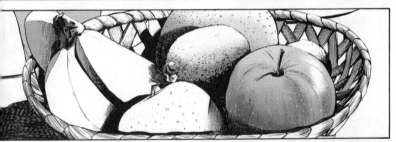

Es war schon über ein Monat vergangen, seit Punpuns Vater weg war.

»Aber wenn er nicht ganz schnell nach Hause kommt, wird er die Baseball-Meisterschaften komplett verpassen«, dachte Punpun.

»Aus geschäftlichen Gründen musste er mal kurz weit weg fahren«, hatte Onkel Yuichi gesagt.

Ob er mir viele Geschenke mitbringt ...?

Er sagte: »Lieber Gott, lieber Gott, Schnickedischnack« ...

Auf einmal fühlte Punpun sich irgendwie einsam.

... und Gott erschien.

Diese Beschwörungsformel hatte er von Onkel Yuichi gelernt.

Hey, Punpun! Was gibt's?

Leider kann die Firma solche Fragen nicht beantworten.

»Wird Papi zu den Baseball-Meisterschaften wieder hier sein?«, fragte Punpun.

»Wie gemein!« Punpun war schrecklich sauer.

»Wo ist das Ding, mit dem ich den Apfel reiben kann?«, fragte Punpun, dem schon alles egal war.

Frag doch Onkel Yuichi!

Andere Fragen sind immer willkommen!!

Das ist es!!

162

164

Aiko!

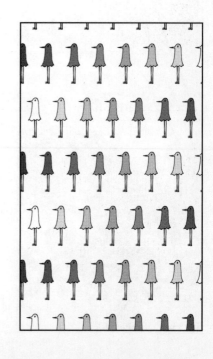

Kapitel 10

ZIRP

ZIRP

ZIRP

ZIR

ZIRP

Aiko?!

Pun-pun?!

PATT PATT PATT PATT PATT

TRAPP

TRAPP

Punpun stürmte in einem Wahnsinnstempo hinterher, wie man es in letzter Zeit nur selten zu Gesicht bekam.

Unterwegs vergaß Punpun den Grund seiner Verfolgung, trotzdem behielt er das Tempo bei.

Punpun war kein guter Läufer.

KLAPPER
KLAPPER
KLAPPER

Ich bin mit einem Anwalt befreundet. Einen Prozess werde ich nicht verlieren ...

»Aiko!«

Ich bin nicht schuld ...

Du bist in mich hineingerannt ...

Das war aber ganz anders*!!*

»Sollen wir zusammen nach Hause gehen?«

»Musst du in diese Richtung?«

Du wohnst doch gar nicht da, Punpun ...

Als wir einmal zusammen nach Hause gegangen sind ...

... hast du in der entgegengesetzten Richtung gewohnt ...

Hey ...

Was sollte das ...?

Antworte gefälligst!

Hey!!

Warum hast du gelogen ...?

Hey!! Du sollst antworten!!

DONG

DONG

DONG

ZIRP

ZIRP

ZIRP

ZIRP

Ich hab so gehofft ...

... dass ich in der neuen Schule endlich Freunde finde ...

Ich ...

Ich wollte auf keinen Fall, dass das jemand aus der Klasse sieht ...

... dass ich komisch bin ...

... und mit meiner Familie was nicht stimmt ...

Jetzt wirst du auch sagen ...

Dir glaub ich nie wieder was ...

Tschüss ...

Ich will das ...

... nicht mehr ...

Ich will ganz weit weg von hier ...

Irgendwohin, wo mich keiner kennt ...

Warum läufst du mir hinterher ...?

Kago-
shima
ist weit
weg.

Ich gehe
jetzt zu
Verwandten
nach Kago-
shima ...

Ob ich's
allein und zu
Fuß dorthin
schaffe?

Das
war ein
Witz ...

Ich gehe
ganz nor-
mal nach
Hause ...

Mein
Onkel ist
Arzt, hat 'ne
Menge Geld
und glaubt
auch nicht an
so einen ko-
mischen Gott.
Er hilft mir
bestimmt.

»Ich hol mir
den Nobelpreis!
Dann können wir
zusammen auf den
Punpun-Stern aus-
wandern!!«, platzte
es aus Punpun
heraus.

»Kagoshima?
Wo liegt denn die-
ser Ort?« ...

... fragte
Punpun Aiko.

Punpun
...

Kommst
du mit mir
mit?

NICK

Ganz
sicher?

Ver-
sprichst
du's?!

NICK

NICK

Deshalb hielt
Punpun sie mit
aller Kraft fest.

Punpun hatte
Angst, Aiko könnte
an einen fernen Ort
verschwinden, sobald
er ihre Hand losließ.

Wenn du
dein Ver-
sprechen
brichst
...

Punpun
...

Wenn
du mich
wieder
betrügst
...

... bring ich dich um!

Punpun versprach,
mit Aiko nach Kagoshima
zu fahren, sobald das erste
Trimester vorbei war.

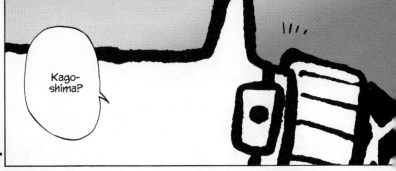

Kapitel 11

Kago-shima?

Mit dem Shinkansen wohl etwas weniger als 30000.

Dauert aber einen halben Tag.

Mit dem Flugzeug um die 30000 oder 40000 Yen*, denke ich.

Ha ha, vergiss es!

Du bist nicht Reinhold Messner!!

Was? Zu Fuß?

*ca. 350 Eu[r]

Das Gefühl,
das Punpun in
jenem Moment
zum ersten Mal
empfand, war ...

... die Hoffnungslosigkeit.

Aus privaten
Gründen für
eine Weile ge-
schlossen.

Seki

Obento-
Laden Seki

Soba

TSCHILP

TSCHILP

Wenn ich damit 'nem faulen Säufer so richtig eins überziehe ...

Was passiert dann wohl?

Du würdest nur dein eigenes Leben zerstören.

Gar nichts ...

PATT PATT PATT PATT PATT PATT

Papa ...

Mach doch endlich wieder den Laden auf ...

405
Shimizu

192

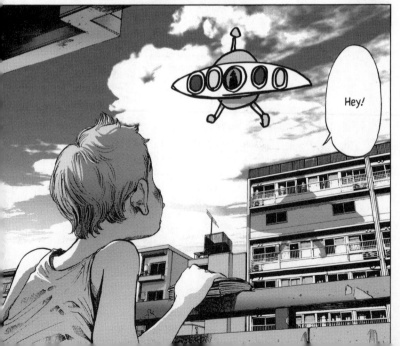

Ich muss weiter!!

SCHWEB

SCHWEB

Wie geht es dir?

Guten Tag, Shimi.

198

"..."

Idiot!! Wie kannst du mir das glauben?!!

Geht klar.

"..."

He ...

Da kommt Punpun ...

Was denn?

Mir geht grad was ganz anderes durch den Kopf, Ko-macchan!!

Punpun ist spät dran, Harumin ...

Die Fabrik, von der dieser komische Typ auf dem Video erzählt hat!!

Blöd- sinn!!

Das Video, das wir auf der PVS bei Punpun ge- sehen haben natürlich!!

Der sagte doch was von Geld für unseren Mut oder so ...

Die Di- cke geht dir nicht aus dem Kopf?

Hey, Komac- chan!

Nur mal angenommen. Was würdest du mit 'ner Million Yen machen?

Nur blöd ...

... dass ich nicht weiß, wo diese Miso-Fabrik ist ...

Genau das ist der Punkt, Ko-macchan!!

Ich weiß, wo sie ist ...

Soll ich euch hin-bringen?

Hey, Seki! Wie lange stehst du schon da?

In diesem Moment spannte sich in Punpuns Kopf ein geistiger Bogen.

Aber sagtest du nicht, dass sei nur ein Streich ...?

Oh Mann, Shimi auch ...

BLITZ

Kagoshima

Geld

Miso-Fabrik

Leichter Harndrang

Hausaufgaben

Schokokuchen

Was denn?

Punpun will unbedingt hin?

PAFF

PAFF

Also abgemacht! Wir prüfen den Fall!

Dieser Blödmann hat uns doch nur angelogen!!

Ihr werdet sehen, der Traum vom schnellen Geld ist Quatsch!!

Kapitel 12

Wenn
sie das Geld
doch nur finden
würden ...

Punpun setzte
all seine Hoff-
nungen auf die
Miso-Fabrik.

Wenn
dort
Geld ist,
sind da
auch die
Leichen,
oder ...?

Der
Typ wollte
doch auch,
dass wir's an
die Medien
leaken ...

Müssen
wir dann
zur Polizei
...?

Was
heißt
»lea-
ken«?

*Aiko wird mich doch
nicht umbringen!!*

Da
sind die
Jungs!!

Was treibt ihr da?!

Aiko!

B... Blödsinn!!

Es geht um ... eine Mutprobe!! Genau, eine Mutprobe!!

Ach so! Ihr führt was im Schilde und traut euch nicht, damit herauszurücken.

Was geht euch das an?!!

Diese ständige Fragerei nervt!!

GENAU!

ね

Wie kindisch

Wir jedenfalls gehen auf das Tanabata-Fest!!

Wie schön für euch!

Die Frage hätte ich mir sparen können.

Vielleicht ...

... geh ich doch lieber mit zur Mutprobe.

Aber warum denn, Aiko?!

Wir wollten doch gemeinsam Shimutaku-Fächer kaufen!

Ich darf doch mit, Punpun?!

Nichts da!! Keine Weiber!!

Ja also ... die Mutprobe wird echt 'ne harte Sache ...

Ich hab nicht mit dir geredet.

Mir ist völlig egal, ob hier Geld ist oder nicht.

Ich will nur wissen, ob was an der Geschichte dran ist.

Lügner kann ich nämlich nicht ausstehen!

Hab ich was Falsches gefragt?

Psst ...

SCHWEL SCHWEL SCHWEL SCHWEL

Trockenfisch-Herstellung und Verkauf

Unbefugten ist der Zutritt verboten

Wir klettern rüber!

214

Hier ist alles so still ...

So unheimlich hatt ich's mir nicht vorgestellt ...

Verdammt riesig ...

Hm ...?

Ist das Blut ...?

Hey, Leute, kommt schnell rüber!!

Psst ...!

In diesem Moment stellte Punpun etwas ganz Entsetzliches fest.

Ich hör was ...

Assistenten für Hintergründe

Yuki Toribuchi
Satsuki Sato

CG-Assistent

Hisashi Saito

In Kooperation mit

Kumatsuto
Yasumasa Iwama

INIO ASANO ❶ GUTE NACHT, PUNPUN

TOKYOPOP GmbH
Hamburg

TOKYOPOP
1. Auflage, 2013
Deutsche Ausgabe/German Edition
© TOKYOPOP GmbH, Hamburg 2013
Aus dem Japanischen von Sakura Ilgert
Rechtschreibung gemäß DUDEN, 25. Auflage

OYASUMI PUNPUN vol.1 by Inio ASANO
©2007 Inio ASANO
All rights reserved.
Original Japanese edition published by SHOGAKUKAN.
German translation rights arranged with SHOGAKUKAN
through The Kashima Agency.

Redaktion: Beatrice Beckmann
Lettering: Brilliant IT Enabling Services, India
Herstellung: Martina Stellbrink
Druck und buchbinderische Verarbeitung:
CPI–Clausen & Bosse GmbH, Leck
Printed in Germany

ISBN 978-3-8420-0687-4

www.tokyopop.de
www.facebook.com/TOKYOPOP.GmbH

Foto © Shinji Masakawa

Inio Asano

Geboren 1980.

Stammt aus der Präfektur Ibaraki.

2001 Gewinner des ersten Sunday GX Newcomer-Preises.

Zu seinem Hauptwerk gehören »Subarashii sekai (Wunderbare Welt)« und »Hikari no machi (Stadt des Lichts)«. »Solanin« hat nicht nur landesweit, sondern auch generationen- und geschlechter-übergreifend ein großes Echo hervorgerufen.

Ein für die 2000er Jahre stehen-der Mangaka, der aus dem Kreis junger Menschen überwältigende Unterstützung erhält.

BAKUMAN.

Tsugumi Ohba / Takeshi Obata

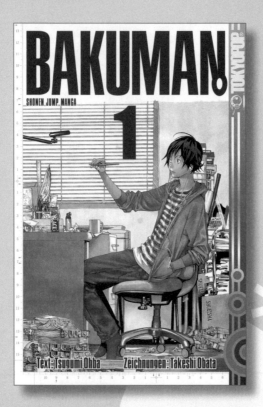

Zwei Meister fallen vom Himmel!

Er hat Talent, ist fleißig und will es schaffen: Moritaka Mashiro ist auf dem Weg, Japans Manga-Nachwuchszeichner Nummer eins zu werden! Doch er tut es nicht nur für Ruhm und Ehre, sondern möchte auch das Herz eines Mädchens erobern und damit schaffen, was seinem großen Vorbild versagt blieb ... Als hätten sie selbst Pate gestanden, erzählt das *Death Note*-Erfolgsduo Takeshi Obata und Tsugumi Ohba den Aufstieg zweier Manga-Autoren!

ACTION

www.tokyopop.de

STOPP!

**Dies ist die letzte Seite des Buches!
Du willst dir doch nicht den Spaß verderben
und das Ende zuerst lesen, oder?**

Um die Geschichte unverfälscht und original-
getreu mitverfolgen zu können, musst du es
wie die Japaner machen und von rechts nach
links lesen. Deshalb schnell das Buch um-
drehen und loslegen!

So geht's:

Wenn dies das erste Mal sein
sollte, dass du einen Manga
in den Händen hältst, kann dir
die Grafik helfen, dich zurecht-
zufinden: Fang einfach oben
rechts an zu lesen und arbeite
dich nach unten links vor.
Viel Spaß dabei wünscht dir
TOKYOPOP®!